À Marilù et Popeline

Les auteurs tiennent à remercier Isabelle Lerein, Christophe Salet, Mathilde Delattre-Josse et Jeanne Ollivier, sans lesquels cet ouvrage n'aurait pu voir le jour.

ISBN 978-2-258-13786-8
Numéro d'éditeur : 1565

Conception graphique :
Mathilde Delattre-Josse
mathildedelattre@wanadoo.fr

Conception graphique de la couverture : Loïc Levêque

Achevé d'imprimer en Italie par Cooperativa Lavoratori Zanardi.
Dépôt légal : août 2016

Retrouvez-nous sur Internet : www.horscollection.fr
et www.facebook.com/HorsCollection

Hors Collection | un département **place des éditeurs**

place des éditeurs

Nés en 1973

Tous les souvenirs de mon enfance et de mon adolescence

Le livre de ma jeunesse 1973

Armelle Leroy
et Laurent Chollet

HORS COLLECTION

ALMANACH DES P.T.T. 1973
JANVIER
FÉVRIER
MARS
AVRIL
MAI
JUIN
JEAN CARTIER-BRESSON N° 31

ALMANACH DES P.T.T. 1973
JUILLET
AOUT
SEPTEMBRE
OCTOBRE
NOVEMBRE
DÉCEMBRE
Photo Caméra Clix
JEAN CARTIER-BRESSON N° 31

SOMMAIRE

1973 Les grands événements

14/01/1973 :
Elvis, Aloha from Hawaii : le King donne un concert à Honolulu qui est retransmis par satellite dans le monde entier. Une première !

27/01/1973 :
Accords de paix de Paris : Américains et Vietnamiens signent un accord de cessez-le-feu qui met fin à la guerre du Vietnam, engagée en 1964.

08/01/1973 :
Watergate : début du procès des cinq « plombiers » du Watergate et de leurs commanditaires. L'affaire conduira à la démission du président Nixon, le 8 août 1974.

01/01/1973 :
CEE : Premier élargissement de la Communauté économique européenne, avec l'adhésion du Danemark, de la République d'Irlande et du Royaume-Uni.

Mars et avril 1973 : Manifestations étudiantes : à deux reprises, le 22 mars et le 2 avril, 500 000 lycéens manifestent contre la loi Debré de réforme des sursis militaires.

09/02/1973 :
Avoriaz : création du Festival du film fantastique d'Avoriaz. Le Grand Prix est attribué au film *Duel*, de Steven Spielberg.

27/03/1973 :
Le Parrain : le film de Francis Ford Coppola obtient l'Oscar du meilleur film et Marlon Brando celui du meilleur acteur pour son interprétation du rôle-titre.

08/04/1973 :
Pablo Picasso : décès du peintre, dessinateur et sculpteur espagnol, à l'âge de 91 ans.

15/04/1973 :
Troisième et dernière victoire du cycliste belge Eddy Merckx au Paris-Roubaix.

23/07/1973 : Éducation sexuelle : la circulaire Fontanet, du nom du ministre de l'Éducation nationale de l'époque, définit les grandes lignes de l'information et de l'éducation sexuelles en milieu scolaire.

31/08/1973 :
John Ford : décès du cinéaste américain, à l'âge de 78 ans.

18/06/1973 :
L'affaire LIP : réunis en assemblée générale, les grévistes de l'entreprise horlogère Lip décident de remettre en route la production, sous le contrôle des travailleurs. Une tentative d'autogestion inédite !

20/07/1973 :
Bruce Lee : le plus grand maître d'arts martiaux du cinéma s'éteint à Hong Kong, à l'âge de 32 ans, victime d'un œdème cérébral.

11/09/1973 :
Coup d'État au Chili : le gouvernement du président Salvador Allende, élu démocratiquement, est renversé par un coup d'État militaire dirigé par le général Augusto Pinochet.

02/09/1973 :
J. R. R. Tolkien : l'auteur du *Seigneur des anneaux* s'éteint à Bornemouth, en Angleterre.

06/10/1973 :
Guerre du Kippour : une coalition arabe menée par l'Égypte et la Syrie lance une attaque militaire surprise contre Israël.

16-17/10/1973 :
Premier choc pétrolier : réunis le 16 octobre à Koweït City, les principaux producteurs du Golfe décident d'augmenter unilatéralement de 70 % le prix du baril de brut.

18/10/1973 :
Les Aventures de Rabbi Jacob : sortie en salle du célèbre film de Gérard Oury, avec Louis de Funès.

Ils sont nés en... 1973

20/01/1973
BENJAMIN BIOLAY
auteur-compositeur-interprète et chanteur français

18/02/1973
CLAUDE MAKELELE
footballeur français

25/02/1973
HÉLÈNE DE FOUGEROLLES
actrice française

01/03/1973
JACK DAVENPORT
acteur britannique

17/02/1973
RAPHAËL IBAÑEZ
rugbyman français

26/03/1973
LARRY PAGE
informaticien américain, cofondateur de Google

05/04/1973
ELODIE BOUCHEZ
actrice française

05/04/1973
VANESSA DEMOUY
actrice française

20/03/1973
HARRY ROSELMACK
journaliste et animateur de télévision français

10/04/1973
GUILLAUME CANET
acteur et réalisateur français

14/05/1973
NATHALIE KOSCIUSKO-MORIZET
femme politique française

20/05/1973
ELSA (LUNGHINI)
chanteuse française

16/06/1973
THOMAS DUTRONC
chanteur et guitariste

03/07/1973
PATRICK WILSON
acteur américain

23/07/1973
MONICA LEWINSKY
stagiaire à la Maison-Blanche durant le mandat de Bill Clinton

14/08/1973
ROMANE BOHRINGER
actrice française

22/09/1973
FRANÇOIS-XAVIER DEMAISON
acteur et humoriste français

10/10/1973
VIKASH DHORASOO
footballeur français

29/10/1973
ROBERT PIRES
footballeur français

08/11/1973
FLORENCE FORESTI
humoriste française

02/12/1973
MONICA SELES
joueuse de tennis de l'ex-Yougoslavie, naturalisée américaine

02/12/1973
MICHAËL YOUN
chanteur, acteur, humoriste français

07/12/1973
FABIEN PELOUS
rugbyman français

15/12/1973
SURYA BONALY
patineuse artistique

Et pour la première fois cette année-là...

KISS

Formation à New York du groupe de rock américain KISS.

Le Guide du routard

Parution de la première édition du *Guide du routard*.

World Trade Center

Inauguration du World Trade Center à New York.

RENAULT : LE "PATRON SECRET"

Libération

27, rue de Lorraine, 75019 PARIS. Tél. : 202-90-60. Directeur : Jean-Paul Sartre

MERCREDI 18 AVRIL 73 1re ANNÉE N° 1

PRIX : 0,80 F

Prenez votre journal en main

IL FAUT ENCORE 23 MILLIONS POUR PARAITRE

Libération

Parution du premier numéro du quotidien *Libération*.

Les Frustrés

Première parution de la série *Les Frustrés* de la dessinatrice Claire Bretécher dans *Le Nouvel Observateur*.

Le téléphone portable

Martin Cooper, un ingénieur de Motorola, met au point le premier téléphone portable. Il faudra attendre dix ans avant que son invention soit commercialisée.

Lapin Duracell

Première apparition à la télévision du lapin Duracell (qui ne s'arrête jamais), véritable icône de la marque de piles alcalines.

LA CHAMBRE D'UN ENFANT

Chambre sous influence

Les produits dérivés autour des héros des enfants envahissent tous les recoins de leur chambre : papiers peints, housse de couette, fournitures scolaires…

On trouve maintenant dans certaines chambres d'enfants des postes de télévisions portatifs aux couleurs flashy ! Si les parents refusent d'en installer un, les héros du petit écran s'imposent sous d'autres formes. Les papiers peints reprennent les personnages des dessins animés : Candy, Remi du manga *Sans famille*, Ulysse 31… Les murs déjà surchargés sont recouverts de posters offerts par des magazines. Les filles ajoutent des photos d'animaux, essentiellement des dauphins et des chevaux. Les garçons optent pour des images de vélo-cross, de motos trial et d'avions. Sur le lit acheté en kit, les mères ont posé une couette : elle remplace les traditionnels draps et couvertures et se pare, elle aussi, de héros ! Chez les fillettes, les parures à l'effigie de la célèbre poupée Barbie se déclinent dans toutes les teintes. Dans toutes les chambres, trônant à la place d'honneur se trouve un Kiki, une amusante peluche aux mains et aux oreilles en plastique dur. Les autres jouets se rangent dans des bacs de couleur qui s'empilent les uns sur les autres. Partout traînent des livres qui, malmenés, finissent écornés ou déchirés. Quant au matériel scolaire, personne n'en prend grand soin, il est chaque année entièrement renouvelé.

La concurrence des héros du petit écran ne fait pas peur à Kiki, qui règne sans partage sur de nombreuses chambres d'enfants.

Ballottés mais branchés

Les enfants du premier choc pétrolier sont devenus les ados de la crise économique. Pour échapper à la tempête du monde et parfois aux remous du couple de leurs parents, les ados cherchent à s'évader dans la musique ou les jeux vidéo.

Après la prospérité des années 1980, le crack boursier de 1987 et les conséquences indirectes de la guerre du Golfe ont diminué le pouvoir d'achat des Français. Face à la crise, les divorces se multiplient et la vie des adolescents se trouve profondément bouleversée. Très souvent, ils se retrouvent avec deux chambres : une chez leur père et une chez leur mère. Et les parents rivalisent d'attention et de cadeaux pour conserver l'affection de leur enfant. Devant le bureau, un siège à roulettes à la forme ergonomique ressemble à un engin futuriste. Ses roulettes permettent de se propulser à toute vitesse

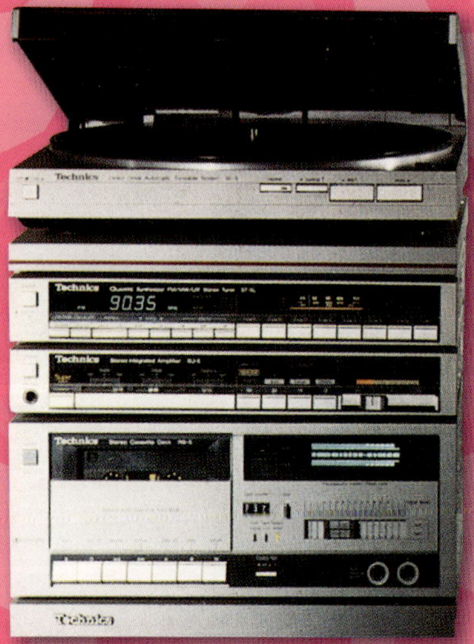

LA CHAMBRE D'UN ADO

d'un côté à l'autre de la chambre sans faire l'effort de se lever. Objet de toutes les préoccupations, la console de jeux donne à l'adolescent l'illusion de s'évader dans un monde virtuel. Les filles préfèrent inventer des chorégraphies au son de leur mini-chaîne. Elles affichent sur leurs murs des photos de top models, les nouvelles stars des adolescentes. Les garçons choisissent d'épingler des groupes de rock ou des posters d'actrices sexy. Dans un coin, une chauffeuse en mousse permet d'accueillir à la dernière minute le meilleur ou la meilleure amie.

Sur les murs, des affiches de films rappellent d'agréables souvenirs : une montée d'adrénaline pour Subway ou une poussée de fièvre pour Béatrice Dalle dans 37°2.

LA CLASSE D'UN ENFANT

Nuages sur l'école

Les problèmes sociaux commencent à s'inviter dans les salles de classe. Les enfants, de plus en plus courtisés par les marques, se font le reflet des inégalités de la société.

Les instituteurs et institutrices doivent faire face à toute une série de problèmes auxquels ils n'étaient pas initialement préparés. Dans certains quartiers sensibles des villes et des banlieues, ils se voient obligés de pallier les lacunes éducatives de parents submergés par les soucis. La violence commence à passer la porte de l'école et les enseignants sont même parfois contraints de travailler avec les services sociaux. En milieu rural, les écoles ferment les unes après les autres. On regroupe dans un seul village les enfants de plusieurs localités et une même institutrice fait la classe à des élèves de niveaux différents.

Même les plus petits viennent en cours avec les dernières tenues à la mode. Les vêtements griffés - souvent par les plus grandes marques sportives - coûtent très cher et les inégalités entre les jeunes deviennent de plus en plus frappantes. Au moment de la rentrée scolaire, les nouveautés se multiplient sur les rayons des supermarchés. Les cartables prennent une importance incroyable, c'est le seul accessoire scolaire qui s'offre au regard de tous. Les sacs à l'effigie des héros télévisés comme Candy, Goldorak, Capitaine Flam connaissent un franc succès.

Coluche dans Le Maître d'école, *un film de Claude Berri (1981).*

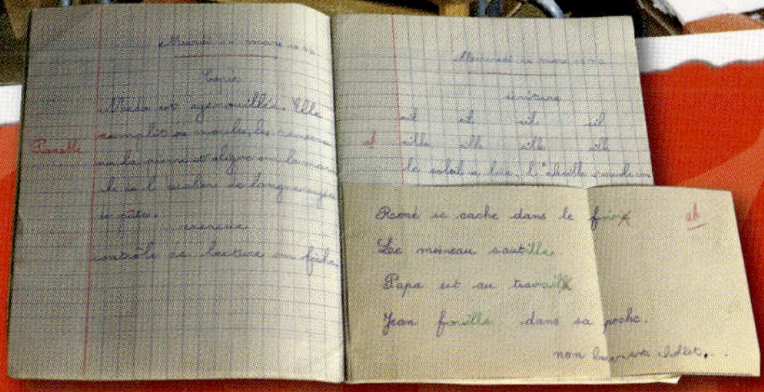

Un sac emporte l'adhésion de tous : le Tann's de la marque Le Tanneur, porté par le célèbre slogan « T'as ton Tann's ? »

Le bac pour tous... ou presque

Au lycée, la croissance des effectifs impose de nombreux investissements. De nouvelles filières apparaissent pour accueillir les jeunes en difficulté.

Tout est mis en place pour permettre à un maximum d'élèves d'accéder aux études supérieures. Au début des années 1990, près de 70 % des jeunes atteint le niveau du baccalauréat contre 30 % en 1980. Il faut de plus en plus de structures pour accueillir les lycéens et les établissements n'hésitent pas à investir dans du matériel à la pointe de la technologie. Pourtant, certaines catégories d'élèves sont les grands perdants du système scolaire. Il s'agit en partie des jeunes souffrant de situations familiales difficiles et des adolescents issus de l'immigration qui ne trouvent pas leur place dans une société en pleine mutation. Rejetés à 16 ans du lycée, ils se voient condamnés à leur tour

La philosophie dans le boudoir ? Dans Noce blanche (1989), son premier film, Vanessa Paradis tombe amoureuse de son prof de philo...

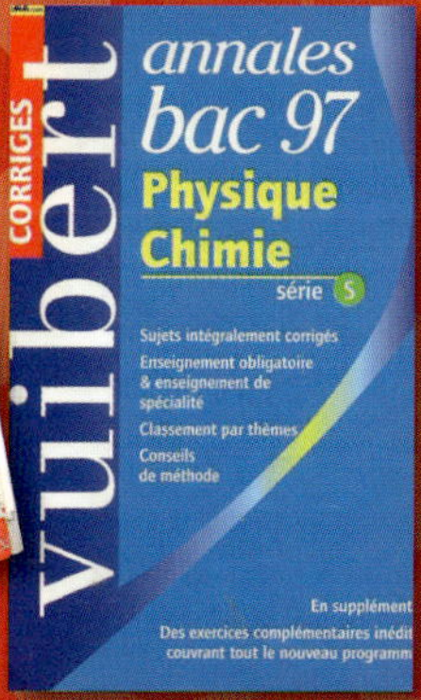

Les éditeurs multiplient les ouvrages parascolaires pour aider les jeunes à réviser chez eux.

au chômage. Pour pallier de telles situations, en 1985, sont créés les bacs professionnels. Ils permettent de former des jeunes en répondant directement à la demande des entreprises et suivant les divers secteurs d'activités. Les élèves travaillent en alternance, partageant leur emploi du temps entre les cours et la vie en entreprise. Des budgets sont votés pour installer ou même construire ces nouveaux lycées professionnels, bien plus spécialisés que les anciens bâtiments qui accueillaient jusqu'ici les préparations aux huit bacs technologiques.

Immaculés en début d'année, les sacs à dos se couvrent peu à peu de feutre ou de correcteur pour exprimer publiquement les états d'âmes et les passions de leur propriétaire. Facebook avant l'heure.

LES JOUETS DES FILLES

Playmobil et Barbie : les valeurs sûres

Playmobil se féminise et devient un classique. Barbie assoit son règne, mais en évoluant sans cesse pour rester en phase avec les rêves de toutes les petites filles.

Face à l'intérêt de plus en plus visible des filles pour les Playmobil, la marque allemande Geobra Brandstätter décide d'ajouter à sa gamme des personnages féminins avec leurs enfants et leurs bébés dans des poussettes. Le fabricant conçoit une magnifique demeure en pièces détachées à assembler, directement inspirée des maisons de poupées victoriennes du XIXe siècle. Très onéreux, le jouet va devenir le fantasme de toutes les fillettes et s'impose au cours des années comme un classique indémodable. Ce n'est pas le cas des « poupées choux », les fameuses Cabbage Patch Kids de Coleco. Lancées à grand renfort de spots publicitaires à la télévision, elles sont très rapidement en rupture de stock et provoquent des scènes de panique aux portes des supermarchés outre-Atlantique. Mais il ne s'agit que d'un phénomène de mode qui passera très rapidement, contrairement à la poupée Barbie de Mattel.

Les poupées mannequins se déclinent maintenant par thème. Celui des westerns, avec vêtements et chevaux, s'inspire du feuilleton Dallas. Mais on trouve également la série Malibu, ses fameux maillots de bain rouges et ses bouées de sauvetage. Quant à la gamme Tropics, elle s'articule autour d'une ravissante Hawaïenne à la chevelure noire interminable. Pour sa part, Ken a pris une place plus importante : il a développé ses muscles et il roule en Corvette argent ou en Ferrari blanche. En 1987, la firme lance California Dream, le rêve américain à la portée de toutes les fillettes du monde.

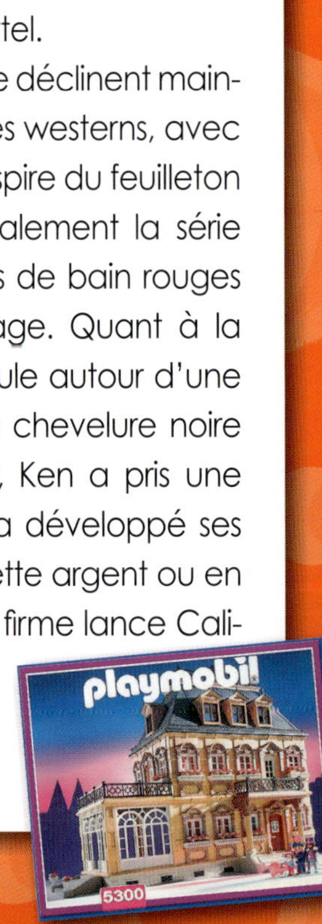

En 1987, avec la gamme California Dream, Mattel crée Christie, une poupée de couleur, et Marina, une Asiatique.

Gros bras et cascadeurs

Face aux gentils Playmobil apparaissent d'imposants héros galactiques et d'intrépides bolides lancés à pleine vitesse. Frissons garantis.

La gamme des Playmobil s'étend de plus en plus : après les séries du départ (les Indiens, les maçons et les chevaliers) apparaissent des boîtes à thèmes qui se déclinent par taille. Cela va de la toute petite contenant seulement un personnage à l'immense dans laquelle on trouve souvent la structure principale du jeu : pour les pirates, il s'agit du bateau ; pour le zoo, les cages et le parc ; pour les esquimaux, les igloos. Sans oublier bien sûr le train qui roule vraiment sur ses rails. Face à ces jouets non violents où même les méchants ont l'air gentil, le marché des petites voitures axe ses produits sur les crashs et les accidents de la route : les Super Sonic Power de chez Kunner, les Demolition Derbies qui se désintègrent

Des clowns aux cosmonautes, des pirates aux infirmiers, les Playmobil investissent tous les personnages qui peuplent l'imaginaire des enfants.

LES JOUETS DES GARÇONS

entièrement ou encore le parcours de looping Darda Motor conçu pour propulser les véhicules à friction dans le vide.

Les figurines inspirées des dessins animés obtiennent un tel succès que les marques se livrent une authentique guerre. Hasbro décrocheun fabuleux contrat pour adapter les personnages de Marvel, et lance les robotsTransformers, la série Battle Beat et Visionnaries. La société Kenner crée MASK, des véhicules qui se muent en engin de guerre. Bandaï se positionne avec les très populaires Goldorak, Ulysse 31 et les chevaliers du Zodiaque. Mattel riposte avec Musclor et surtout les figurines du dessin animé *Les Maîtres de l'Univers* qui se vendront à plusieurs millions d'exemplaires dans le monde.

LES LOISIRS DES ADOS

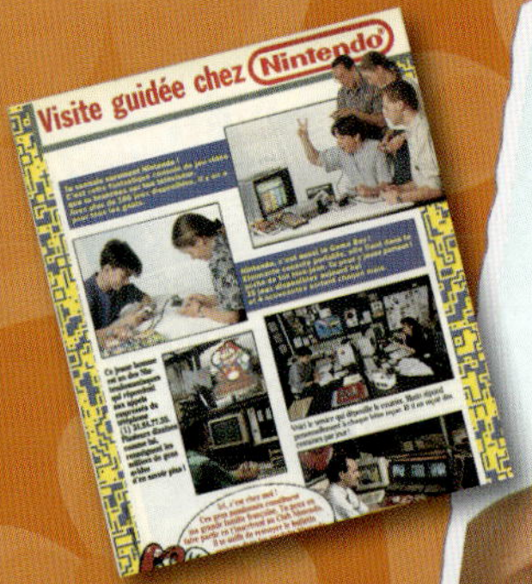

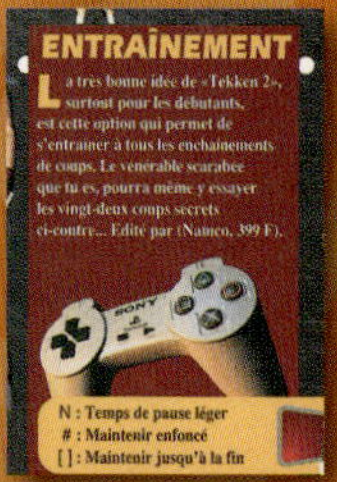

Après avoir inventé en 1981 la première console de poche, Gunpeï Yokoi, un concepteur de chez Nintendo, met au point la Game Boy. Elle débarque en Europe en 1990 avec son jeu Tetris et connaît un immense succès.

L'embarras du choix

Pour occuper leurs loisirs, les ados disposent de toute une gamme d'activités, sportives ou culturelles, calibrées pour eux. Mais les consoles de jeux exercent un fort pouvoir d'attraction…

L'émancipation des filles et la mixité se sont étendues à toutes les couches de la société, de nombreux adolescents ont une expérience de la sexualité avant d'être majeurs. Si tous se retrouvent lors des soirées et n'hésitent pas à se promener en couple main dans la main, filles et garçons ont des activités différentes et se mélangent rarement lorsqu'ils les pratiquent. La danse moderne, la GRS (gymnastique rythmique et sportive), l'initiation au cirque, le théâtre et surtout l'équitation occupent les loisirs des jeunes filles. Elles s'inscrivent avec leur meilleure amie et adorent participer à des stages pendant les vacances. Les garçons ne s'intéressent plus aux mobylettes, ils se

RIOLOISIRS

au centre de loisirs de Crosnes:

PROGRAMMES À LA CARTE

C'est encore les vacances à Crosnes, petite ville verdoyante de l'Essonne, la banlieue sud de Paris. Des nuages barbapapa s'effilochent dans un ciel clair. Le centre de loisirs Jacques Prévert fonctionne au ralenti.

LA MÉMOIRE EN DISQUETTE

Les centres de loisirs permettent d'occuper les jeunes les jours de congés et pendant les vacances, surtout lorsque les mères travaillent.

passionnent de nouveau pour une nouvelle génération de vélos, les bicross ou BMX avec lesquels on peut exécuter des figures acrobatiques. Mais le coût élevé de tels engins les rend inaccessibles, les adolescents se rabattent sur les skateboards et surtout les rollers. Chez eux, ils regardent pendant de longues heures la télévision, ils sont surtout fascinés par les consoles de jeux. Beaucoup de familles ont fait l'acquisition d'un micro-ordinateur et les garçons espèrent se faire offrir la NES de Nintendo et le jeu Super Mario Bros.

LA MODE DES ENFANTS

L'ère du jogging

Le jogging triomphe : il se porte en toute occasion et se décline dans toutes les couleurs, se couvre de toutes les effigies à la mode et de tous les logos.

Des chaînes de magasins spécialisées dans la mode des juniors se multiplient, des stylistes créent au rythme des saisons des gammes de vêtements sans copier les looks des adultes. Les enfants choisissent eux-mêmes leurs tenues, ils expriment surtout l'envie d'être à l'aise, de pouvoir bouger sans aucune entrave vestimentaire. Les joggings se portent à longueur de journée. Pour les fillettes, il devient rose ou mauve, et sur les sweat-shirts s'affichent leurs héroïnes préférées telles Barbie ou Candy. Les marques sont omniprésentes, leurs logos sont apposés partout, ils deviennent tellement célèbres que les enfants n'achètent plus un tee-shirt ou des baskets mais un Nike ou des Adidas. Pour les moins fortunés, un marché parallèle de produits de contrefaçon se développe. L'italien Benetton, toujours précurseur, comprend immédiatement l'importance de cette nouvelle clientèle junior et il décide de la cibler. Il charge le photographe Oliviero Toscani de photographier un groupe d'enfants de différentes origines ethniques qui portent joyeusement des vêtements colorés, puis ce seront deux petits Africains qui s'embrassent avec sur leurs joues et leurs cheveux deux drapeaux américains et soviétiques. Au-dessus d'eux, le slogan claque : « United Colors of Benetton ». Benetton transforme sa campagne publicitaire en véritable message d'unification politico-raciale, un véritable coup de maître face à des enfants qui ont désormais une conscience sociale.

La Adidas Americana : signe extérieur de branchitude au début des années 1980.

L'arrivée du breakdance en France impose les marques américaines de sportswear (Nike, Reebook...) auprès des ados.

À chacun sa tribu

Les grandes marques créent des lignes spécifiques pour courtiser les ados, mais tous ne rêvent pas de ressembler aux modèles des magazines de mode. Chaque tribu crée ses codes vestimentaires.

Les actrices et les chanteuses ne sont plus vraiment les sources d'inspiration des adolescentes. Celles-ci ne jurent maintenant que par les tops modèles. Armées de leur seule beauté, Kate Moss, Naomi Campbell, Cindy Crawford, Linda Evangelista, Claudia Schiffer et les autres vont s'imposer comme les nouvelles icônes de toute une génération. Les jeunes filles rêvent de devenir riches et célèbres, sans talent particulier, en se contentant d'entretenir leur corps. Elles sont prêtes à s'affamer et à sombrer dans l'anorexie pour ressembler à leurs idoles et rentrer dans des habits taille 0. On constate pour la première fois l'émergence de top models masculins comme Werner Schreier ou Albert Delegue dont s'inspirent les garçons. Un autre marché se développe, parallèle à celui des grandes marques sportives, celui des vêtements créés par les grands couturiers. Même les sous-vêtements se griffent, Hugo Boss, Calvin Klein et

Jeans troués, tee-shirts et vieilles chemises, ou comment créer un style à partir d'une totale absence (revendiquée) de style : le grunge.

LA MODE DES ADOS

Ralph Lauren… le nom compte plus que le produit lui-même. Les parents laissent leurs ados entièrement libres de leurs choix vestimentaires, mais dans une société où il est de plus en plus difficile de trouver ses marques, les jeunes expriment leur malaise en se rattachant à des tribus. Certains s'habillent en s'inspirant du mouvement hip-hop, d'autres se rattachent aux gothiques, aux grunges, aux skateurs, aux surfeurs ou aux inconditionnels de la techno, et tous vont au bout de leur passion.

Chipie, Chevignon, Poivre blanc… les ados ont leur propres marques, qui s'affichent en gros caractères sur les pulls, les sweat-shirts et les blousons.

CONFISERIES ET BOISSONS

La publicité l'assure : la vie est nettement plus drôle quand on mange des produits gras !

Les industriels rivalisent de créativité pour séduire les enfants. La malbouffe s'invite dans les débats de société et l'on commence à s'inquiéter des conséquences de ce désordre alimentaire.

La diététique et l'équilibre alimentaire sont au cœur de toutes les préoccupations des parents. Les bonbons et les barres chocolatées comme toutes les friandises sucrées deviennent les ennemis des adultes. Parallèlement, de nouvelles normes imposent des contrôles d'hygiène chez les vendeurs de confiseries au détail. Pourtant, les cas d'anorexie et de boulimie ne cessent d'augmenter en France. Les jeunes filles, influencées par les tops models, sont obsédées par leur

La malbouffe attaque...

image. Elles s'affament pour atteindre une maigreur qu'elles estiment être le comble de la beauté. D'autres enfants et adolescents souffrent d'une surcharge pondérale importante. Les parents travaillent et rentrent souvent tard à la maison, et devant la télévision, les jeunes se bourrent de friandises, de boissons gazeuses et de chips. À l'école aussi, le grignotage est devenu une habitude systématique. Pendant les récréations, les sachets de chips aux formes ludiques (animaux, fantômes) concurrencent les biscuits en paquets individuels. Les mères, contredisant leurs principes éducatifs, achètent au supermarché des sacs entiers de Carambars, de Malabars ou de Fraises Tagada, tous en promotion, et des pots géants de Nutella. Elles prennent aussi des céréales dont les marques se multiplient et se livrent une concurrence sévère à l'aide de spots publicitaires. Mais quand les parents veulent faire plaisir à leurs enfants, ils les emmènent manger leur repas préféré chez Mac Donald ou chez Quick.

LES JEUX OLYMPIQUES

De haut en bas : le sauteur à ski finlandais Matti Nykänen, le champion de ski italien Alberto Tomba et la skieuse française Perrine Pelen avec les deux médailles gagnées aux JO de Sarajevo.

En 1984, âgée d'à peine 18 ans, l'Allemande de l'Est Katarina Witt enflamme la glace… et le public grâce à ses performances et à sa beauté.

Les jeux d'hiver…

Sarajevo (1984), Calgary (1988)

À Sarajevo (1984), les patineurs artistiques éblouissent le public. Le couple d'anglais Jayne Torvill et Christopher Dean méritent bien leur première place, mais leur succès est presque éclipsé par la performance de la ravissante Allemande de l'Est Katarina Witt. Karine Enke (RFA) remporte les 500, 1000 et 1500 m et arrive seconde au 3000 m en ski de fond ! Quant au champion Youri Andropov, il gagne sa quatrième médaille d'or de ski nordique. La France ne remporte qu'une médaille d'argent et deux de bronze grâce à Perrine Pelen et Didier Bouvet. Le Canada est chargé d'organiser les jeux de 1988. Deux nouvelles épreuves sont intégrées à celles du ski alpin : le Combiné et le Super Géant. C'est dans cette dernière spécificité que Franck Picard offre à la France ses deux seules récompenses. Le sauteur finlandais Matti Nykänen monte trois fois au sommet du podium et « la bomba », le skieur italien Alberto Tomba, repart avec deux médailles d'or en slalom et slalom géant.

Les jeux d'été...

Los Angeles (1984), Séoul (1988)

En réponse au boycott de Moscou en 1980, l'Union soviétique s'abstient de se rendre à Los Angeles en 1984. Ses pays satellites suivent son exemple sauf la Roumanie qui refuse de suivre ces consignes. La Chine, quant à elle, décide de participer aux jeux et ses athlètes remportent 32 médailles. Les États-Unis vont totaliser 83 trophées et la France s'enorgueillit de ses 28 récompenses dont sept gagnées en une seule journée grâce notamment aux perchistes Pierre Quinon et Thierry Vigneron. L'Américain Carl Lewis triomphe en remportant le 100, le 200 et le 4 x 100 mètres ainsi que le saut en longueur ! La Marocaine Nawal El-Moutawakil devient la première femme d'Afrique du Nord à monter sur le podium grâce au 400 m haies. Quatre ans plus tard à Séoul, Carl Lewis doit s'incliner face au Canadien Ben Johnson et à son exceptionnelle performance. Mais le champion accusé de dopage se voit déchu de son titre ! La coureuse Florence Griffith-Joyner remporte trois médailles d'or. La France ne gagne que 16 récompenses et l'Union soviétique triomphe avec 55 titres olympiques et 132 médailles.

De haut en bas : photo souvenir de cinq médaillés olympiques américains de 1984. L'athlète américain Carl Lewis aux JO de Los Angeles en 1984. L'athlète canadien Ben Johnson en juin 1988.

Coupe du monde 1982

Espagne

Sous le soleil de Séville, les Français arrivent en demi-finale et se retrouvent face aux Allemands de l'Ouest. À l'issue du match, les équipes sont à égalité 1 à 1. Les Bleus mènent les prolongations par 3-1, mais les Allemands combatifs parviennent à égaliser avant de remporter le match aux tirs au but. Confrontés aux Italiens de la Squadra Azzurra, ils se font mener dès le début de la rencontre et perdent par 3-1. L'Italie s'aligne sur le Brésil en remportant trois Coupes du monde.

En haut : Le joueur italien Dino Zoff brandit la Coupe du monde après la victoire de son équipe contre l'Allemagne de l'Ouest. Ci-contre : Dominique Rocheteau et Alain Giresse face au gardien de but allemand Schumacher.

De gauche à droite : Michel Platini, Diego Maradona et l'équipe de France en 1986.

Coupe du monde 1986

Mexique

Pour la seconde fois, le Mexique organise une Coupe du monde malgré le tremblement de terre qui a secoué le pays l'année précédente. Les Bleus semblent au mieux de leur forme, mais une fois de plus ils échouent en demi-finale face à la RFA qui n'a pourtant pas brillé jusqu'ici dans la compétition. Ainsi, il n'est pas vraiment étonnant que l'Allemagne de l'Ouest perde en finale contre l'Argentine et l'extraordinaire Diego Armando Maradona, sacré meilleur joueur de l'année et autoproclamé meilleur joueur de la planète !

LE SPORT AUTO ET LE CYCLISME

Le sport automobile

Les pilotes de Formule 1 Ayrton Senna (ci-dessous) et Alain Prost (ci-contre).

Prost mène la course

Après avoir hésité entre le football et le sport automobile, Alain Prost opte finalement pour les courses de voitures. Il brûle les étapes et à 26 ans il remporte en 1981 à Dijon son premier Grand Prix. En 1984, il rejoint l'équipe McLaren qui est devenue la meilleure écurie de F1. Prost partage les victoires avec son principal concurrent l'Autrichien Niki Lauda. En 1988, McLaren abandonne Porche pour s'associer avec Honda. Le pilote brésilien Ayrton Senna intègre l'équipe. Prost et lui remportent 15 des 16 épreuves de la saison. Le Français totalisera pas moins de 50 victoires au cours de sa carrière.

Le 21 novembre 1981, deux ans après son retrait de la compétition, Niki Lauda annonce son retour à la course automobile.

L'arrivée des coureurs américains

En 1985, en l'absence de Bernard Fignon, vainqueur des deux derniers Tour de France, Bernard Hinault monte sur la plus haute marche du podium. Hinault, surnommé « le blaireau », peut s'enorgueillir de remporter ainsi pour la cinquième fois la prestigieuse course. Fort de ces succès, il espère endosser le maillot jaune l'année suivante. Mais contre toute attente, c'est l'Américain Greg Lemond qui le coiffe au poteau. Pour la première fois, un coureur d'outre-Atlantique gagne le Tour de France. Lemond battra deux ans plus tard Fignon après un fantastique contre-la-montre sur les Champs-Élysées, il devancera son adversaire de 8 secondes ! En 1990, il arrive de nouveau premier de la célèbre compétition pour la troisième et dernière fois.

Laurent Fignon au départ de la dernière étape du Tour de France 1983.

À gauche : Bernard Hinault, Bernard Tapie et Greg Lemond à Paris le 31 janvier 1985. À droite : Laurent Fignon, Greg Lemond et Pedro Delgado lors du Tour de France 1989.

Le tennis

Victoire de Noah !

L'époque des célèbres colères de John McEnroe semble bien révolue, le début des années 1980 est marqué par le fair-play d'un jeune Suédois, Mats Wilander. Entre 1982 et 1988, il remporte sept titres du grand chelem dont trois à Roland-Garros. En 1983, il rencontre en finale Yannick Noah et doit s'incliner face au Français, qui devient un véritable héros national. Le Tchécoslovaque Yvan Lendl (il se fera naturaliser américain) remporte huit titres du grand chelem. Mais un nouveau champion fait son apparition et va rapidement dominer le tennis mondial : l'Allemand Boris Becker, surnommé « Boum-Boum » en raison de sa puissance de frappe. Du côté des femmes, une Allemande âgée d'à peine 14 ans se fait remarquer pour la première fois, elle se nomme Steffi Graf et dominera pendant 15 ans le tennis féminin.

Yannick Noah gagne le tournoi de Rolland-Garros face à Mats Wilander en 1983.

LE TENNIS ET LE BASKET

Michael Jordan (à gauche) des Chicago Bulls et Magic Johnson (à droite) des Lakers, lors de la finale de la NBA, le 12 juin 1991. Les Bulls l'emportent au score de 99-84.

Le basket

Sport peu prisé en France, le basket voit sa cote de popularité grimper en flèche au cours de la fin des années 1980.

Malgré de grandes équipes françaises comme le CSP de Limoges ou les fameuses exhibitions des Harlem Globetrotters, il faut attendre l'arrivée les stars américaines tels Magic Johnson ou Michael Jordan pour faire découvrir aux adolescents français un sport qui va rapidement devenir culte. Désormais sur les murs des chambres et dans le cœur de milliers de garçons s'affichent et résonnent les noms des Lakers de Los Angeles, des Celtics de Boston, des Bulls de Chicago ou des Rockets de Houston.

Un an après la « Marche des beurs », SOS Racisme voit le jour. Des milliers de collégiens et lycéens arborent la célèbre main jaune frappée du slogan de l'association : « Touche pas à mon pote ».

Un an avant sa disparition, Coluche lance les Restos du cœur. Les jeunes se mobilisent aussitôt pour cette cause à laquelle s'associent également leurs artistes préférés. La première tournée des Enfoirés aura lieu en 1989.

1985 : l'année de USA for Africa, de Chanteurs sans frontières et du Live Aid. De part et d'autre de l'Atlantique, les artistes se mobilisent pour l'Afrique et donnent des concerts historiques devant des centaines de milliers de jeunes.

PREMIERS ÉLANS, PREMIÈRES RÉVOLTES, PREMIERS ÉMOIS

Rappelez-vous : « Devaquet au piquet ! »... En décembre 1986, un million d'étudiants et lycéens (200 000 selon la police) manifestaient contre le projet de réforme des universités d'Alain Devaquet, le ministre de l'Éducation nationale.

En 1983, le mannequin norvégien Nina Klepp apparaît torse nu et ligotée dans une publicité pour les jeans Buffalo. L'année suivante, Cookie Dingler chante : « Être une femme libérée, tu sais c'est pas si facile ». C'est bien ce qu'on se disait...

« Boys, Boys, Boys »… Sabrina, l'inventeuse de la chanson monosyllabe. Et c'est pour ça qu'on l'aime.

En 1991, avec le film documentaire In Bed with Madonna, la madone nous invite dans son lit pour une partie de Scrabble en pyjama. Et ça, c'est vraiment sympa de sa part.

Les grandes émotions de notre jeunesse…

Les années 1980, c'est aussi la décennie des premiers seins cathodiques. Ici, Sophie Favier dans Sex Machine (à gauche) et dans Cocoricocoboy (ci-dessous).

Dans les années 1980, impossible d'entrer dans une salle obscure sans risquer un coup de chaud. La fièvre monte avec L'Été meurtrier (1983), L'Année des méduses (1984), 9 semaines 1/2 (1986) ou encore 37°2 (1986).

LA MUSIQUE DES ENFANTS

Star déchue et stars montantes

Après la sortie de piste de Chantal Goya, les animatrices TV se disputent la première place au hit-parade des enfants.

À l'automne 1984, le nouveau spectacle de Chantal Goya, *Le Mystérieux Voyage de Marie-Rose,* mobilise des moyens sans précédent et 1,5 million de spectateurs répondent présent. Quelques mois plus tard, dans l'émission « Le jeu de la vérité » de Patrick Sabatier, la chanteuse se ridiculise devant la France entière. En une soirée, Chantal Goya a ruiné sa carrière. Elle n'arrivera jamais à s'en relever. Les enfants se tournent vers de nouvelles icônes : les animatrices des émissions pour la jeunesse. Douchka, Anne et Dorothée attirent les jeunes téléspectateurs et remplissent les salles de spectacles en interprétant les chansons qu'elles testent préalablement dans leurs programmes. Dorothée à elle seule enregistre des scores à faire pâlir les vedettes du top 50, atteignant même avec ses albums de *Hou ! la menteuse* 3 millions de disques vendus en une année. Quant à la jeune Douchka, elle passe un contrat avec la société Disney et enchaîne les succès comme *Mickey, Donald et moi, Élémentaire mon cher Baloo* ou *La Chanson de Zorro*. Après avoir enregistré les classiques de Walt Disney, Douchka, qui a grandi, se lasse de son rôle de lolita. La firme Disney lui cherche une remplaçante. Elle choisit cette fois-ci non pas une débutante mais la très expérimentée Anne Meson-Poliakoff qui, du haut de ses 14 ans, est déjà célèbre grâce à son interprétation de la comédie musicale de Philippe Chatel, *Émilie Jolie*.

Chantal Goya dans l'émission télévisée Numéro 1 en novembre 1981.

Anne succède à Douchka dans le rôle d'ambassadrice Disney. Ici avec Jean-Pierre Foucault sur le plateau de l'émission « Disney Parade » (TF1).

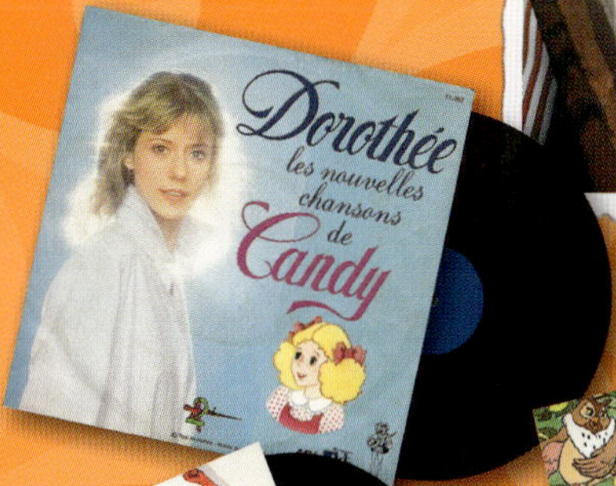

Toutes les tribus du rock

Face à la déferlante des *boys bands*, produits jetables de l'industrie musicale, de nombreux jeunes cherchent dans le rap, la musique grunge ou gothique une expression authentique de leur révolte.

Un nouveau phénomène déferle sur le marché du disque, celui des *boys bands*. Le concept consiste à former un groupe musical de garçons à partir d'un casting. Le premier, le groupe américain New Kids on the Block surprend par sa fraîcheur et ouvre la voie à beaucoup d'autres comme Take That, East 17, Worlds Apart, 3T, Boy-zone, MN8 et autres Backstreet Boys. Il faudra attendre le milieu des années 1990 pour que les Français reprennent le principe avec les charis-

Certains adolescents se réfugient dans l'univers sombre des gothiques représentés par Marilyn Manson.

Le mouvement grunge naît à Seattle. Nirvana et son leader Kurt Cobain en deviennent les chefs de file.

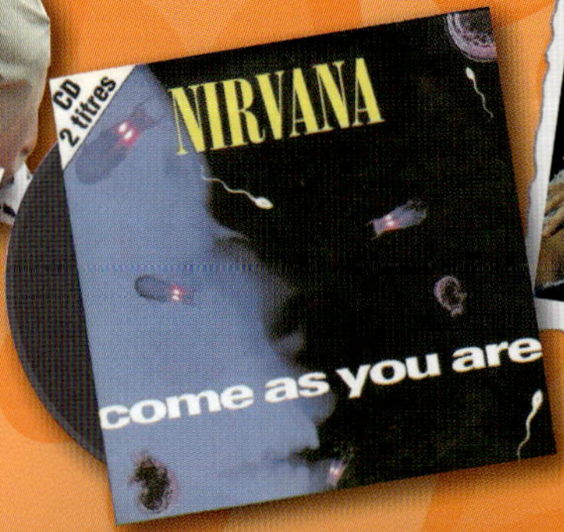

Le rock est de retour avec les Red Hot Chili Peppers, Pixies, Sonic Youth, REM...

matiques 2 Be 3, les G-Squad ou encore le groupe Alliage. Les *boys bands* font chavirer le cœur des filles qui constituent leur principal public, mais ils sont profondément méprisés par des adolescents indignés par l'état d'esprit du show business. Un grand nombre d'entre eux se tournent vers le rap dont la tendance « dure » est représentée par NTM (pour Nique ta mère). Le groupe de JoeyStarr et Kool Shen se fait l'écho, à partir de 1991, de l'esprit de révolte des jeunes de banlieue. À leurs côtés évoluent d'autres rappeurs tels les Marseillais d'IAM et Ministère Amer (avec Passi, Stomy Bugsy et dans leur sillage Doc Gynéco) tandis que MC Solaar surprend par son sens de la mélodie et ses textes ciselés.

LA PRESSE POUR ENFANTS

On redevient sérieux

Les années 1980 sonnent le glas de la bande dessinée traditionnelle. Les parents poussent leurs enfants vers les magazines « éducatifs ».

Les jeunes générations semblent hermétiques aux attraits de la presse traditionnelle et les effets s'en font ressentir rapidement. *Pif Gadget* laisse sa place au *Nouveau Pif* avant de péricliter totalement. *Le Journal de Tintin,* pourtant une véritable institution, essaie en vain de rebondir en changeant plusieurs fois de formule et jette définitivement l'éponge en 1988. Seuls rescapés, *Spirou* et le *Journal de Mickey* s'imposent toujours. Le second se double d'ailleurs d'un frère jumeau, *Donald Magazine,* en tous points semblable. Malgré une immense permissivité à l'égard de leurs enfants, les parents tentent d'influencer leurs choix en leur proposant des journaux « éducatifs ». Trois éditeurs se partagent le marché : les deux groupes de presse catholiques, Bayard et Fleurus, et le toulousain Milan.

Destiné aux 7-11 ans, Astrapi accompagne les enfants jusqu'à leur entrée au collège.

Okapi, chez Bayard, propose des dossiers détachables au centre du magazine. *Astrapi* est lui dirigé par Jean-Claude Forest, le père de Barbarella ! C'est dans cette même maison d'édition que paraît *Je Bouquine,* dont le but est d'inciter les préados à lire. Fleurus reprend *Fripounet*, le transforme en *Info Junior* et lance *Mag'jeune*. Le groupe catholique essaie d'étendre son lectorat en touchant les jeunes engagés spirituellement avec *Turbule,* et les fans de culture hip-hop et multiculturalisme avec *Triolo*. Quant à Milan, il cible les enfants avec des magazines qui correspondent exactement à leur âge. Tous les deux ans, les jeunes lecteurs peuvent passer à un autre titre, au niveau de lecture plus élevé, en lisant *Toboggan, Mikado, Toupie* ou *Diabolo*.

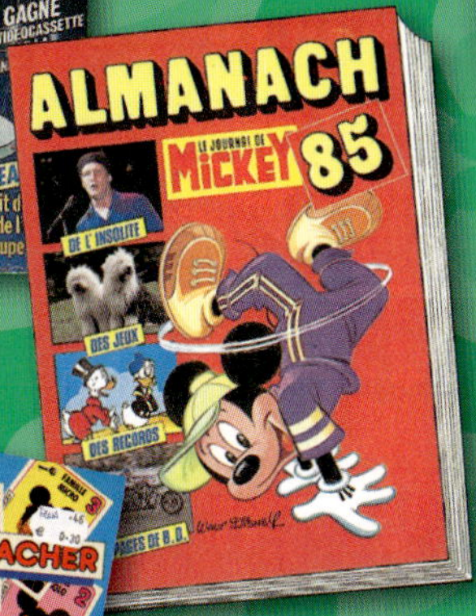

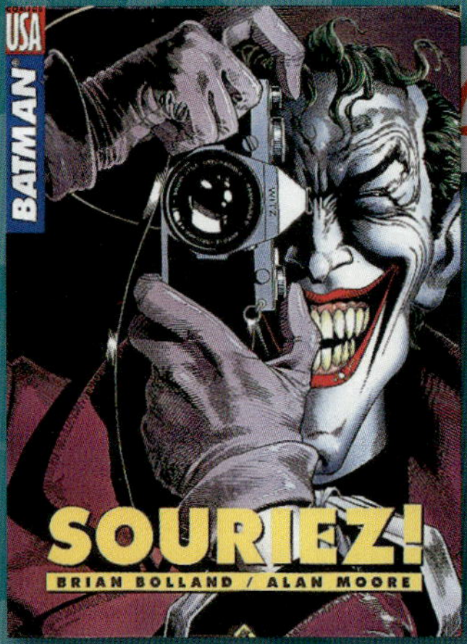

Des comics et du rock...

Les comics occupent une place prépondérante dans le cœur des garçons. De grands maîtres du dessin et des scénaristes de génie prennent en main le destin de Batman.

En 1986, *Dark Knight* (*Le Chevalier noir*) de Frank Miller est publié en France et provoque le même engouement qu'outre-Atlantique. Sombre et désabusé, Batman bascule dans le crime et se heurte à Superman. Fort de ce succès, DC Comics diffuse *Watchmen* (*Les Gardiens*), la série d'Alan Moore et Dave Gibbons, traitée sous un mode réaliste et qui est considérée comme l'un des meilleurs comics jamais parus. En 1987, Miller laisse sa place à Mike W. Barr et au dessinateur Todd McFarlane qui livrent un récit de Batman où les protagonistes n'utilisent pas d'armes à

Fluide glacial et le mensuel (À suivre) restent fidèles à leur esprit d'origine, mais L'Écho des savanes ne trouve plus son public.

Charlie revient et se transforme en Charlie Hebdo.

feu. Alan Moore et Brian Bolland prennent la suite avec l'homme chauve-souris dans *The Killing Joke* (*Souriez*). Quant à l'écurie Marvel comprenant *Strange, Titan* ou *Nova,* après avoir été publiée par les éditions Lug, elle est rachetée par le groupe scandinave Semic. Parallèlement à cette passion pour les comics, les adolescents s'arrachent les magazines musicaux. *Rock & Folk* ne fait plus recette et tente de retrouver ses lecteurs, il lui faudra plusieurs années et l'arrivée de Philippe Manœuvre pour y parvenir. Entre-temps est né *Les Inrockuptibles,* un simple fanzine, qui devient en quelques années la revue indispensable de tous les « branchés » français.

LES LIVRES POUR ENFANTS

L'ère du « vu à la télé »

Les novellisations prolongent la magie de la télévision, mais des maisons d'édition s'imposent grâce à leur qualité littéraire et à leurs textes poétiques.

Après Mai 68, une partie de l'intelligentsia et des enseignants mène une campagne de dénigrement contre les livres des populaires collections Bibliothèque rose et Bibliothèque verte de chez Hachette, ou de la Spirale, de la Dauphine et de la Souveraine Rouge et Or de chez GP. Les critiques finissent par porter et, au cours des années 1980, les enfants se détournent de ces lectures. Hachette tente de réagir en lançant la suite du *Club des Cinq*, écrite par Claude Voilier et Evelyne L'Allemand. Quant aux éditions GP, elles sont rachetées en 1980 par Les Presses de la Cité et les collections disparaissent. Hachette base une grande partie de sa production sur les novellisations des séries télévisées et s'adapte aux nouveaux programmes en publiant des dessins animés japonais tels Candy et Goldorak. La plupart des livres sont signés Bob Robert, un pseudonyme qui cache très souvent le facétieux Georges Chaulet dont la *Fantômette* est l'une des seules rescapées des séries des années 1960. Dans les autres maisons d'édition, on constate une intellectualisation des collections. Folio Junior (Gallimard) adapte sa police de caractère à l'âge de ses lecteurs : très gros pour les plus jeunes, puis les lettres se rapetissent au fur et à mesure que l'enfant grandit. L'École des loisirs, avec ses couvertures sévères, soigne les textes de ses ouvrages. Elle publie de véritables petits chefs-d'œuvre de style et de syntaxe. Heureusement, Claude Ponti et son univers poétique apportent à la collection sa part de rêve.

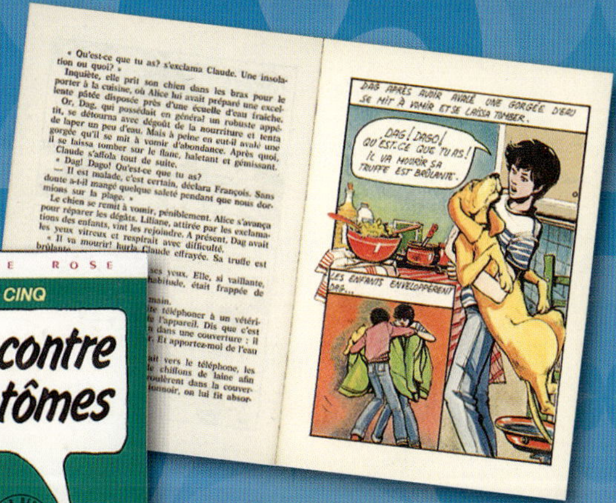

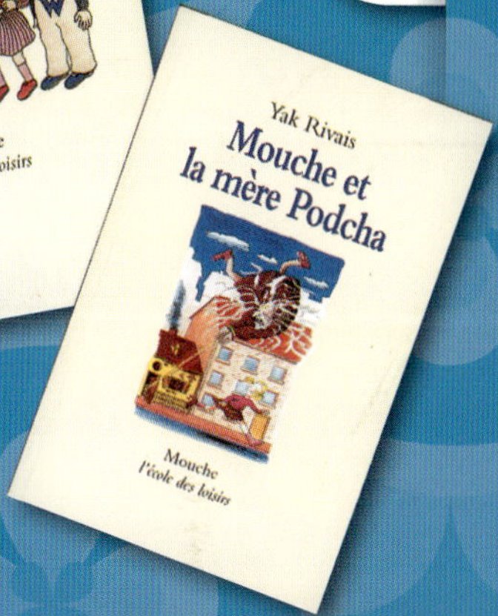

Charlie et la chocolaterie *et*
Le prince de Motordu *: des textes magnifiques et poétiques.*

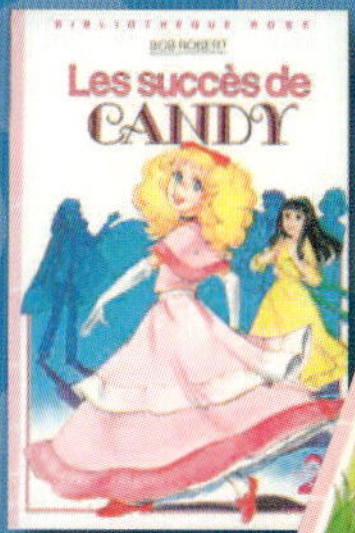

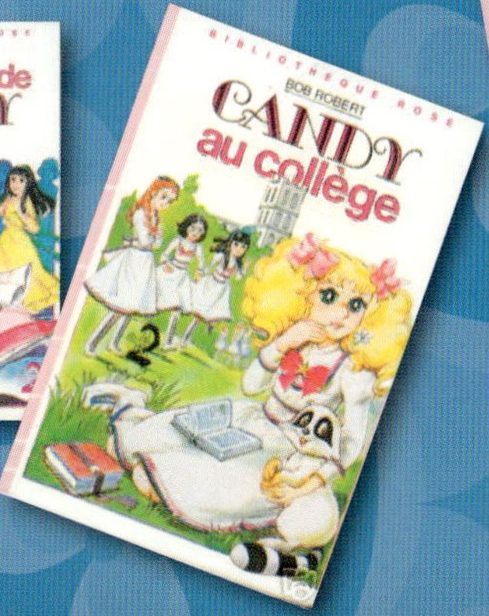

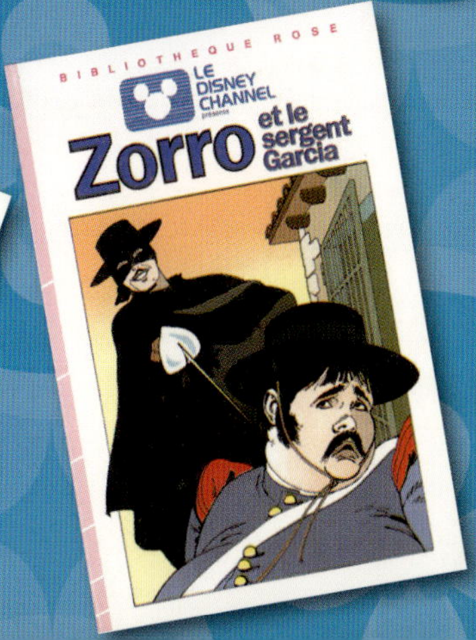

Mondes imaginaires pour adolescents

Les pré-ados ont maintenant leurs propres séries, basées essentiellement sur le fantastique, et les plus âgés découvrent l'heroic fantasy.

Les maisons d'édition ont du mal à contrer des concurrents comme la télévision ou les jeux vidéo, et malgré des infrastructures et un niveau d'enseignement élevés, la plupart des adolescents semblent réfractaires à la lecture. Les seuls livres qui les attirent sont les fameux mangas japonais aux dialogues souvent réduits à quelques onomatopées comme dans *Dragon Ball Z*. Les éditeurs ciblent alors une nouvelle catégorie de jeunes, les pré-ados. Guidés par les professeurs, ils découvrent les Roald Dahl et les autres auteurs de Folio Junior de chez Gallimard. Bayard lance alors une collection à l'univers angoissant et étrange, judicieusement nommée « Chair de poule ». Le succès est immense. Hachette publie alors une série de récits tout aussi effrayants, allant de *Frankenstein* de Mary Shelley à *Terreur noire* de Steven Charles. Les plus âgés s'emparent d'un genre jusqu'ici réservé

LES LIVRES POUR ADOS

La vie à reculons : ***l'histoire bouleversante d'un ado séropositif confronté au regard des autres.***

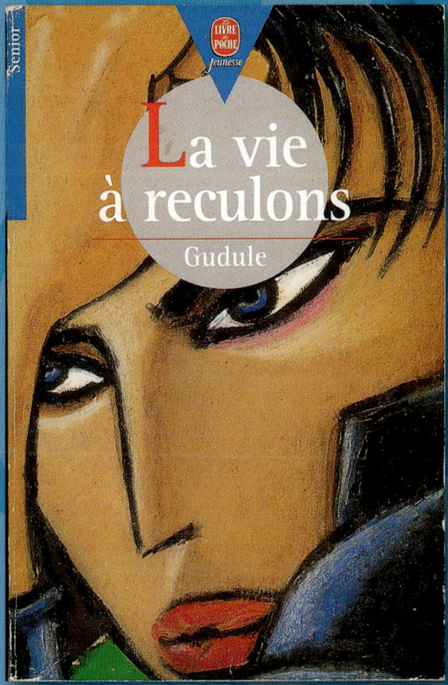

aux adultes, l'heroic fantasy, et redécouvrent J.R.R Tolkien, ses contemporains, mais également des auteurs actuels. Gallimard, s'inspirant d'un concept américain, lance Le livre dont vous êtes le héros, où le lecteur intervient et navigue dans l'ouvrage suivant ses choix et son habilité. Mais ce sont surtout les garçons qui s'intéressent à ce type de publications, les filles choisissent des livres rédigés spécialement pour elles, souvent sentimentaux et malheureusement assez insipides. Mais des auteurs engagés telle Gudule n'hésitent pas à leur parler des vrais problèmes, du sida, du port du préservatif et surtout des tourments d'être une adolescente dans une société difficile.

Publié par Glénat, Akira a largement contribué à la diffusion du manga en France.

LE CINÉMA ET LES ENFANTS

Un gâteau à partager

La fin des années 1970 marque la chute du monopole Disney sur les longs-métrages d'animation…

À la télévision, les programmes pour la jeunesse se multiplient. Les enfants peuvent désormais passer des heures devant les dessins animés sans sortir de chez eux. Pourtant, le cinéma conserve sa force d'attraction, surtout en cette période de fin des années 1970 où les productions sont nombreuses et variées. En 1976, les pères d'Astérix sortent leur seconde et dernière adaptation d'Astérix : *Les Douze Travaux d'Astérix*. Après ça, d'autres se chargeront de donner vie à l'intrépide Gaulois : les frères Paul et Gaëtan Brizzi en 1985 avec *Astérix et la Surprise de César*, puis Pino Van Lamsweerde l'année suivante avec *Astérix chez les Bretons*.

Pendant ce temps, dans un gros village californien… les Studios Disney portent à l'écran les exploits de deux souris voyageuses dans *Les Aventures de Bernard et Bianca* (1977). L'année suivante, ils livrent *Peter et Elliott le dragon* (10/1978), qui s'inscrit dans la même veine que l'attachante *Mary Poppins* en mêlant dessins animés et images réelles. Trois ans plus tard, retour à l'animation pure avec *Rox et Rouky*, le renard et le petit chien que tout doit opposer mais que lie une amitié indestructible. Rien ne semble pouvoir arrêter la « machine à rêves » Disney. Et pourtant… au milieu des années 1980, la belle mécanique se grippe : *Taram et le chaudron magique* (1985) déroute son public par son atmosphère crépusculaire. Et les studios doivent faire face à la concurrence de trois dissidents : Don Bluth, Gary Goldman et John Pomeroy, partis ailleurs pour créer *Brisby et le secret de Nimh* (1982), une histoire dont les héros sont… des souris ! Mickey, ressaisis-toi !

La saga Coccinelle, initiée en 1968, se poursuit au tournant des années 1970 et 1980 avec La Coccinelle à Monte-Carlo *(1978) et* La Coccinelle à Mexico *(1981), de Vincent McEveety.*

Dans les années 1980, les studios Hanna-Barbera réalisent trois adaptations des personnages bleus de Peyo : V'la les Schtroumpfs *(1983),* Le bébé Schtroumpf *(1984) et* Les P'tits Schtroumpfs *(1987).*

Des héros fatigués

Rocky, Indiana Jones, Rambo… Hollywood épuise ses surhommes en leur faisant vivre d'interminables sagas. Mais pour les ados, les vrais héros n'ont pas le temps de vieillir.

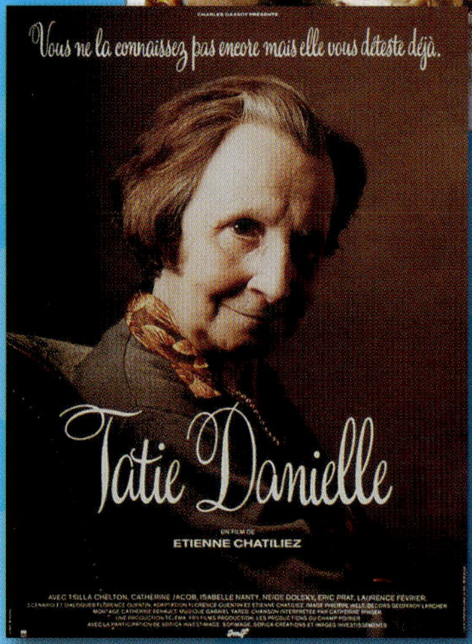

À la fin des années 1980, Étienne Chatiliez renouvelle les codes de la comédie française avec deux films devenus cultes : **La vie est un long fleuve tranquille** *(ci-dessus) et* **Tatie Danielle.**

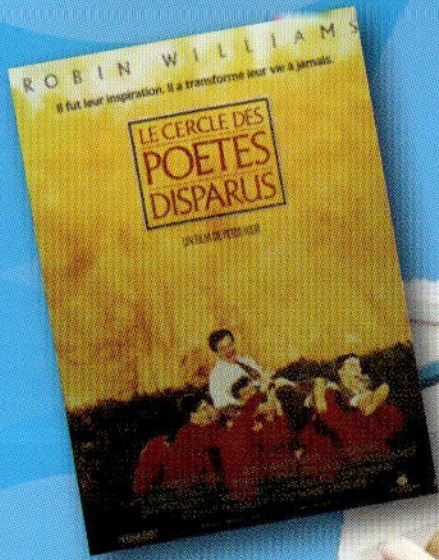

Hollywood reste la Mecque du cinéma d'action. Le soleil californien entretient la santé et la vitalité de ses héros, qui enchaînent les aventures sans se donner le temps de souffler : en 1990, Rocky a déjà tourné cinq films, tandis qu'Indiana Jones et Rambo viennent de boucler leur troisième opus. Mais les trois Yankees se font coiffer au poteau par le plus distingué des agents de sa Majesté : de *Moonraker* (1980) à *Permis de tuer* (1989), James Bond s'invite à six reprises sur les écrans hexagonaux. Pendant ces années Reagan, tout ce qui marche se décline au moins en trilogie : *L'Arme fatale, Le Flic de Beverly Hills, Retour vers le futur…* Il faut toute la fantaisie d'un Tim Burton pour ne donner qu'une seule suite à son *Batman* (1988). Ce sera malgré tout suffisant pour renouveler en profondeur la manière de transposer l'univers des super-héros sur grand écran.

Les ados apprécient ces divertissements et les consomment avec frénésie, mais les films qui les marquent le plus sont d'une autre

Dans la peau de John McClane, Bruce Willis rejoint Arnold Schwarzenegger au panthéon des fans de films d'action. Piège de cristal (1988) lance la saga du lieutenant de police new-yorkais.

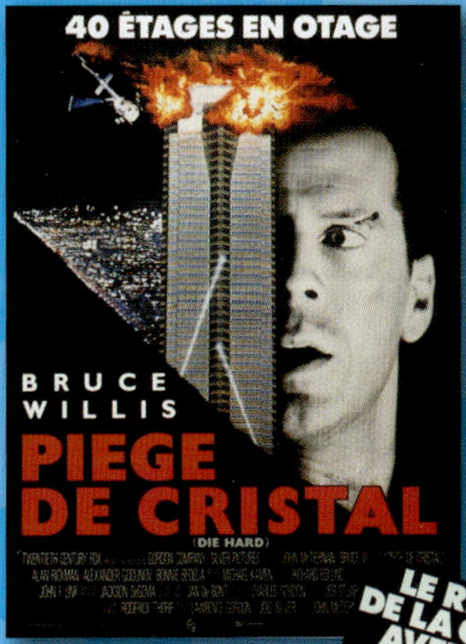

nature. Dans la seconde moitié des années 1980, trois long-métrages vont rencontrer un écho générationnel : *Le Cercle des poètes disparus* (1989) de Peter Weir, *37°2 le matin* (1986) de Jean-Jacques Beineix et *Le Grand Bleu* (1988) de Luc Besson. Trois films cultes, trois fins tragiques : l'étudiant Neil Perry (Robert Sean Leonard) se suicide pour ne pas avoir à renoncer à sa passion pour le théâtre, Betty (Béatrice Dalle) sombre dans la folie et Jacques Mayol (Jean-Marc Barr) s'enfonce dans l'océan pour ne plus refaire surface. La génération de la crise économique et du sida aurait-elle un message à faire passer ?

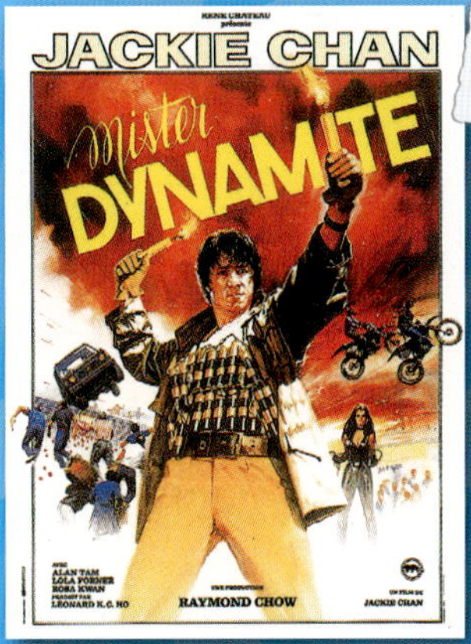

Quand il y a de la baston, ils ne sont jamais très loin : Jean-Claude Van Damme, Steven Seagal et Jackie Chan sont les stars des tatamis des années 1990.

LA TÉLÉ ET LES ENFANTS

La vague nippone

La nouvelle émission *Récré A2* ouvre les portes du petit écran aux trésors de la japanimation. De *Goldorak* à *X-Or*, la conquête des programmes jeunesse ne fait que commencer.

La nouvelle émission jeunesse lancée par la 2e chaîne en 1978 rafle la mise : conçu par Jacqueline Joubert et animé par Dorothée, *Récré A2* est un festival hypertonique de chants, de danses et de comédies. Au fil des ans, l'animatrice-star s'entoure de toute une équipe (Corbier, Jacky, Cabu, Ariane Gil, Marie Dauphin...) qui enchaîne joyeusement les rubriques : musique, cinéma, lecture et BD. Mais le génie de l'émission est d'avoir su déceler le potentiel de la japanimation. *Goldorak,* la série de Gö Nagaï, se taille... 100 % d'audience ! Du jamais vu. Partout en France, les cours d'école retentissent de « Fulgure au poing ! », tandis que d'autres héros s'engouffrent dans la brèche : *Albator* (1979), *Candy* (1978), *Tom Sawyer* (1980) ou *Capitaine Flam* (1980)...

Les enfants accueillent avec gourmandise toutes les productions *Made in Japan,* jusqu'aux séries télé truffées d'effets spéciaux comme *San Ku Kaï, Spectreman* ou encore *X-Or*. Pendant la même période, la production hexagonale de dessins animés est incarnée par trois hommes. Albert Barillé crée en 1978 la première série d'une saga qui connaîtra un immense succès : *Il était une fois... l'homme*, qui sera diffusée par FR3. De leur côté, Bernard Deyriès et Jean Chalopin s'allient avec les Japonais pour produire deux séries cultes : *Ulysse 31* (1981), qui transpose plusieurs épisodes de la mythologie grecque dans un lointain futur, et *Les Mystérieuses cités d'or* (1983), dont tous les enfants connaissent bientôt le générique par cœur.

En 1987, coup de théâtre : après près de 10 ans aux commandes de Récré A2, Dorothée passe à la concurrence. Entourée des Musclés, elles présente le Club Dorothée sur TF1 à partir du mois de septembre.

Je suis Nono, le petit robot, l'ami d'Ulysse...

Smells like Teen Spirit

L'arrivée de trois nouvelles chaînes dans le « PAF » bouleverse les grilles de programmes : entre séries gonflées aux amphétamines et talk-shows déjantés, les ados exultent.

Fermez les yeux et imaginez deux inspecteurs de police ultra-lookés, roulant en Ferrari Daytona ou en Testarossa dans les rues de Miami sur un air de Joe Cocker. Ce concentré d'années 1980 qui vous prend les narines se nomme *Miami Vice* ou *Deux flics à Miami* (1986) : le croisement entre une série policière et une succession de vidéo-clips façon MTV. La mode est alors aux séries survitaminées avec des justiciers francs-tireurs (*Agence tous risques*) parfois

***Ci-dessus :** David Hasselhoff dans K 2000.*
***À gauche :** Don Johnson et Philip Michael Thomas dans* **Miami Vice.**

***Mister T et George Peppard dans** L'Agence tous risques.*

Tom Selleck, alias Thomas Magnum, le vétéran du Vietnam devenu détective privé à Hawaii.

LA TÉLÉ ET LES ADOS

équipés de véhicules « customisés » (*K 2000, Supercopter*).

C'est aussi l'époque où de nouvelles chaînes viennent bousculer la télé à papa : Canal + est lancé fin 1984, La Cinq et TV6 (future M6) début 1986. Des talk-shows décontractés et impertinents font leur apparition à l'écran : Christophe Dechavanne lance *Ciel mon mardi* (mai 1988), Thierry Ardisson taquine les stars du show-biz dans les boîtes à la mode (*Bains de minuit, Lunettes noires pour nuits blanches*) tandis que Les Nuls font hurler de rire les ados dans *Objectif : nul* (1987), *Le JTN* (1987-1988) ou *Les Nuls L'émission* (1990-1992).

À partir de 1986, Antenne 2 programme *Les Années collège*, une série canadienne qui met en scène un groupe de collégiens et chronique leur évolution de 12 à 17 ans. Cette série ouvre la voie à beaucoup d'autres (*Sauvés par le gong, Beverly Hills…*) et esquisse un phénomène majeur de la fiction télé des années 1990 : des séries spécifiquement conçues pour les adolescents, interprétées par des personnages qui ont leur âge et grandissent avec eux.

Les agitateurs du PAF à la fin des années 1980 : Les Nuls (ci-dessus) et Thierry Ardisson (à gauche).

LA RADIO

Les petites radios qui montent

11h-13h La grande parade. Jouez, riez et chantez avec Michel DRUCKER

NRJ, Fun, Skyrock… Des radios illégales ou inexistantes en 1980 vont se développer tout au long de la décennie jusqu'à s'imposer durablement dans le paysage radiophonique hexagonal.

Le 9 novembre 1981, les radios libres entrent enfin dans la légalité. Conséquence directe : l'espace hertzien est très rapidement saturé par l'éclosion de centaines de stations. En 1982, on en recense 2000 ! Devant le chaos généré par cette prolifération, les autorités mettent en place une Haute Autorité de la communication audiovisuelle qui attribue les fréquences. Mais rapidement, ces radios sont étranglées par des problèmes de financement car la loi de 1981 ne les autorise pas à diffuser des messages publicitaires. Le 1er août 1984, François Mitterrand leur accorde ce droit.

Dès lors, les radios privées vont pouvoir se développer et étendre leur emprise nationale. NRJ est la première à se jeter dans la course. La station créée en 1981 cible le public adolescent qui a chaque jour rendez-vous avec ses animateurs vedettes : Marc Scalia, Dominique Duforest dit Dodo, Mitsou ou encore Serge Repp. C'est aussi l'une des premières à se constituer un réseau de radios franchisées. Le 2 octobre 1985, six stations locales appartenant à ce réseau vont faire sécession et donner naissance à Fun Radio. Dans un premier temps, le nouveau-né peine à trouver ses marques. Ce n'est pas le cas de Skyrock, créée par Pierre Bellanger quelques mois plus tard. La personnalité de ses animateurs couplée aux concepts originaux de ses animations lui valent rapidement une large audience : Géraldine (« 3615 code Géraldine ») prête sa voix à de petites annonces coquines, Arthur et Skyman (« Les Zigotos ») dynamitent le petit déjeuner et Malher (« Bonsoir la planète ») crée la première émission de libre antenne. C'est d'ailleurs un transfuge de Skryrock, l'animateur Arthur, qui permettra à Fun Radio de prendre son envol au début des années 1990…

Jean-Paul Baudecroux, ici en 1986. Cinq ans avant, âgé de 36 ans, il lance la station NRJ en installant ses studios dans une chambre de bonne du XXe arrondissement parisien.

Childéric Muller, l'animateur de La Voix du lézard, l'émission culte des débuts de Skyrock.

LES SOURCES

Toutes les photographies et illustrations non créditées et non mentionnées ci-dessous proviennent de la collection privée de La Bande du Drugstore.

Sources des illustrations :

P. 10 : *Le guide du routard Asie du sud-est*, Hachette 1979 / P. 11 : *Libération* n° 1, 18 avril 1973 / *Les Frustrés : L'intégrale*, Claire Bretécher, éditions Dargaud 2007 / P. 12 : Photo Jon Bouchier *in Principes de base, chambres d'enfants*, éditions Gründ 1991 / Photo La Maison de Marie-Claire-Scotto-Puech (ibidem) / P. 13 : Photo de J. Saurma *in Lisette Télé jeune*, n° 45, 7 novembre 1971 / P. 15 : Photo Crown Paints (ibidem) / P. 17 : Publicité Dupuy- Compton, *Fripounet*, n° 38, 19-25 septembre 1973 / Illustration *in Fripounet*, n° 14, 4-10 avril 1973 / *Vive les vacances !* Cahier de vacances des Schtroumpfs, s.n., éditions Labor 1990 / *Bon en maths : CM1*, Bregeon, éditions Nathan 1997 / P. 18 : Gégé, « Gontran et les autres », *Spirou*, n° 2155, 2 août 1979 / P. 19 : *Brevet 96 corrigés français*, s.n. Collectif, Coll. *Les sujets Nathan*, éditions Nathan, 1995 / *Corrigés Annales du baccalauréat 1997, physique chimie*, série S, s.n., éditions Vuibert 1995 / Sac Savebag, p. 202 du catalogue CAMIF automne-hiver 90/91 / P. 20-21 : Les photos des Barbies sont tirées de *Barbie, 40 ans de magie*, Marco Tosa, éditions Hors Collection 1998 / P. 22 : Publicité Playmobil *in* Catalogue Playmobil 1988 / P. 25 : Photo D. R. *in Triolo* n° 73, septembre 1984 / P. 27 : Photos extraites de Burda spécial mode pour écoliers, printemps-été 1986 / Publicité Barbie. Photo D. R. *in* Burda (ibidem) / Couverture *Triolo* n° 89, mai 1985 / Modèles jogging, p. 138 du catalogue CAMIF automne-hiver 90/91 / Modèles Naf-Naf, p. 136 du catalogue CAMIF automne-hiver 90/91 / P. 28 : Tee-shirt Leonardo Di Caprio, p. 526 du catalogue La Redoute automne-hiver 98/99 / P. 29 : Couverture magazine *Jeune et Jolie*, été 1987 / Modèles Chipie, p. 530 du catalogue La Redoute automne-hiver 98/99 / P. 35 : Couverture Mexico 86, l'album de la coupe du monde, éditions n° 1 / P. 40 : Chanteurs sans frontières, *Ethiopie*, Pathé Marconi/EMI, 1985 / P. 42 : 45t RCA, Chantal Goya, *Comme Tintin*, 1982 / 45t RCA, Chantal Goya, *Bécassine*, 1980 / P. 43 : Chantal Goya, Bécassine / *Les Malheurs de Sophie*, RCA, 1980 / *Le Réveil de Mordicus*, Le Petit Ménestrel, 1978 / *Heidi*, Le Petit Ménestrel, 1980 / 45t (recto-verso) Ibach, Douchka, *Bambi* et *Elémentaire mon cher Baloo* / 45t Ibach, Douchka, *La Chanson de Zorro*, 1985 / 45t Ibach, Douchka, *Mickey, Donald et moi*... 1984 / 45t Adès, Dorothée, *Les Nouvelles Chansons de Candy*, 1981 / 45t Adès, Dorothée, *Rox et Rouky*, 1981 / 45t AB Hit Polygram, Dorothée, *La Machine infernale*, 1989 / P. 44 : Visuels pochettes CD Marilyn Manson, Take That, 2 be 3 et Nirvana / P. 45 : Visuels pochettes CD, NTM, I AM, R. E. M., Pearl Jam, Blur, Rage against the Machine / P. 46 : Couverture *Triolo* n° 68, juin 1984 / Couverture *Okapi* n° 451, septembre 1990 / Publicité Astrapi *in Astrapi* n° 200, 15 février 1987 / Publicité *Astrapi* (ibidem) / P. 47 : Couverture *Picsou Magazine*, 1991 / Couverture *Le Journal de Mickey*, novembre 1984 / Couverture *Almanach du Journal de Mickey*, 1985 / Extrait de Bamby, victoire surprise, *Le Journal de Mickey*, mai 1983 / Couverture magazine *Je Bouquine*, le plus beau des pièges / Couverture *Diabolo* n° 17 / P. 48 : Couverture *Fluide Glacial* n° 227, mai 1995 / Couverture *Fluide Glacial* n° 236, février 1996 / Couverture *A Suivre* n° 239, décembre 1997 / Couverture *L'Echo des savanes* n° 143, novembre 1995 / *Charlie-Hebdo*, n° 581, 11 janvier 1982 / P. 49 : Publicité © Batman / Couverture *Strange* n° 328, août 1997, Semic éditions / Couverture *Spawn* n° 9, Semic éditions / Couverture *Strange* n° 286, octobre 1993 / Publicité pour numéro Marvel Comics saga X-Men / *Rock&Folk* n° 375, novembre 1998 / *Les Inrockuptibles*, été 1994 / P. 50 : Couverture *Adèle, l'apprentie sorcière*, Jean Baylis, Bibliothèque Rose, Hachette 1988 / P. 51 : Couverture *Les Cinq contre les fantômes*, Enid Blyton, Bibliothèque Rose, Hachette 1981 / Couverture *Zorro et le sergent Garcia*, le Disney Chanel, Bibliothèque Rose, Hachette 1986 / Couvertures *Les Succès de Candy, Candy au collège*, Bob Robert, Bibliothèque Rose, Hachette 1985 / Couverture *Tom Sawyer amoureux*, éditions Bébé Pélican / Couverture *C'est Guignol*, Chantal Goya, Fernand Nathan éditions de Messine, 1981 / Couverture *Mouche et la mère Podcha*, Yak Rivais, L'Ecole des loisirs, 1994 / Couverture *Petit Grounch et ses amis*, Yak Rivais, L'Ecole des loisirs, 1999 / *Charlie et la chocolaterie*, Roald Dahl, Folio Junior, Gallimard 1978 / *Les belles lisses poires du prince de Motordu*, Tome 1, Pef, Albums Gallimard Jeunesse 2011 / P. 52 : Couvertures *Les Epouvantails de minuit*, collection Chair de poule, Bayard poche 1995 / Frankenstein, Mary Shelley, Folio Junior, Gallimard, 1982 / *La Sorcière et La Maison de poupées*, Bebe Faas Rice, Bibliothèque Verte, Hachette 1997 / P. 53 : Couvertures *Premier Amour, dernier amour*, Susie Morgenstern, Folio Junior Gallimard 1987 / *Garde conjointe*, Beverly Cleary, L'école des loisirs, 1991 / *L'Envers du décor*, Gudule, Le Livre de poche jeunesse, 1996 / *Déluge sur Monteyrac*, Yves Frémion, Bibliothèque Verte, Hachette 1997 / *La Vie à reculons*, Gudule, Le Livre de poche jeunesse, 1994 / Akira 3, 12 et 21, Katsuhiro Otomo, Glénat 1992 / P. 55 : Affichettes *Brisby et le secret de Nimh*, Don Bluth, 1982 / P. 59 : 45t Polydor, *Tom Sawyer*, générique TV, 1980 / 45t Polydor, *Ulysse 31 Le Fauteuil de l'oubli*, 1981 / P. 61 : *Télé 7 jours*, n°1168, 16-22 octobre 1982 / *Télé 7 jours*, n°1424, 12-18 septembre 1987

Crédits :

P. 6 : Elvis Presley © FIA/Rue des Archives / Le Parrain © Rue des Archives/BCA / Watergate © Rue des Archives/AGIP / Manifestation des lycéens © Gerald Bloncourt/Rue des Archives / P. 7 : Conflit à l'usine LIP © Gerald Bloncourt/Rue des Archives / La fureur du dragon © Rue des Archives/BCA / Coup d'Etat au Chili © Suddeutsche Zeitung/Rue des Archives / Les aventures de Rabbi Jacob © Rue des Archives/Collection CSFF / P. 10 : Kiss © Patos/Rue des Archives / World Trade Center © Rue des Archives/SPPS / P. 11 : Publicité Motorola © The advertising Archives/Rue des Archives / Lapin Duracell ©Rue des Archives/PVDE / P. 13 : La danse des canards © Rue des Archives/RDA / Pochette Dorothée © Rue des Archives/PVDE / Pochette Chantal Goya ©Rue des Archives/RDA / Donald et Dingo champions olympiques ©Rue des Archives/RDA / P.15 : Affiche 37°2 le matin ©Rue des Archives/RDA / Affiche Subway © Rue des Archives/RDA / P. 16 : Le maître d'école © Rue des Archives/RDA / P. 17 : Rentrée des classes 1984 © Rue des Archives/AGIP / P. 18 : Lycée Richard Lenoir Bondy © Alain BUU/GAMMA / P. 19 : Rentrée des classes 1986 © Jean-Louis COURTINAT/RAPHO / Rentrée des classes 1991 © William STEVENS/GAMMA / P. 21 : Publicité Mattel © The Advertising Archives/Rue des Archives / P. 24 : Game Boy Nintendo © Valérie QUENTIN/GAMMA / P. 25 : Skaters © Paul A. Souders/Corbis / Surfers © Setboun/Corbis / P. 27 : Breakdancers © Michael Ochs Archive/Corbis / Oliviero Toscani © Julio Donoso/Corbis Sygma / P. 28 : Cindy Crawford © Rue des Archives BCA / Publicité Calvin Klein © Sutecliffe/Sipa / Jeunes filles grunge © Michele Mattei/Corbis Sygma / P. 29 : Garçon avec skate © Rue des Archives BCA / Filles avec glaces © Owen Franken/Corbis / P. 32 : Matti Nykanen © Rue des Archives/AGIP / Alberto Tomba © Fabrice Coffrini/Rue des Archives/SPPS / Katarina Witt © Bettman/Corbis / J. Torvill et C. Dean © Rue des Archives/AGIP / P. 33 : Médaillés américains © Wally McNamee/Corbis / Carl Lewis © Rue des Archives/BCA / Ben Johnson © Rue des Archives/AGIP / Affiche JO Los Angeles © The Granger Collection NYC/Rue des Archives / P. 34 : Coupe du Monde 1982 © Rue des Archives/Ital / Affiche Coupe du Monde 1982 © Rue des Archives/Ital / France-RFA 1982 © Corbis/Sygma / P. 35 : Michel Platini © Rue des Archives/AGIP / Maradona © Rue des Archives/AGIP / Equipe de France 1986 © Rue des Archives/AGIP / P. 36 : Ayrton Senna ©Suddeutsche Zeitung/Rue des Archives / Alain Prost © Rue des Archives/AGIP / Ayrton Senna © Sipa Press / Niki Lauda © Rue des Archives/AGIP / P. 37 : Bernard Hinault © Rue des Archives/AGIP / L. Fignon 1983 © Stevens Frederic/Sipa Press / B. Tapie et B. Hinault © Rue des Archives/AGIP / L. Fignon, G. LeMond et P. Delgado © Michel Gouverneur/Gamma / P. 38 : Yannick Noah © Rue des Archives/AGIP / Mats Wilander © Rue des Archives/AGIP / Yvan Lendl © Rue des Archives/AGIP / Y. Noah et M. Wilander © Simon Mingam/Gamma / Y. Lendl 1988 © Rue des Archives/AGIP / P. 39 : M. Jordan et M. Johnson © Tiziana Sorge/AFP Photo / M. Jordan © Gamma / P. 40 : Coluche © Chesnot/Sipa / Manifestation 1986 © Simon Aventurier-Duclos/Gamma / P. 41 : In Bed with Madonna © IPA/STILLS/GAMMA / Madonna © Rue des Archives/BCA / Sabrina Salerno © Luigi VOLPE/GAMMA / L'été meurtrier © Rue des Archives/Collection CSFF / L'année des méduses © Rue des Archives/CSFF / Neuf semaines et demie © Rue des Archives/BCA / Béatrice Dalle © Rue des Archives/AGIP / Sophie Favier © Rue des Archives/AGIP / Stéphane Collaro © Rue des Archives/AGIP / P. 43 : Chantal Goya © Rue des Archives/AGIP / Dorothée © Arnaud Borel/Gamma / Anne et J.P. Foucault © Sureau/TF1/Sipa / P. 44 : Marilyn Manson © Gamma US / 2 Be 3 © Benainous-Duclos/Gamma / Nirvana © Joe Giron/Corbis / P. 45 : Joeystarr © AZENCOTH/STILLS/GAMMA / P. 54 : Bernard et Bianca © Weber Anita/Sipa Press / Brisby et le secret de Nimh © Rue des Archives/RDA / P. 55 : La Coccinelle à Monte-Carlo © Sipa Press / Peter et Elliot le dragon © Courtesy Walt Disney Productions/BCA/Rue des Archives / Les Schtroumpfs © Rue des Archives/BCA / Rox et Rouky © Rue des Archives/BCA / Astérix et la surprise de César © Rue des Archives/RDA / Astérix chez les bretons © Rue des Archives/RDA / P. 56 : La vie est un long fleuve tranquille © Rue des Archives/CSFF / Tatie Danielle ©Rue des Archives/RDA / Le cercle des poètes disparus © Rue des Archives/RDA / 37°2 le matin © Rue des Archives/AGIP / P. 57 : Permis de tuer © Rue des Archives/BCA / Affiche Permis de tuer © Rue des Archives/RDA / Piège de cristal Rue des Archives/RDA / Les aventuriers de l'Arche perdue © Rue des Archives/RDA / Full contact © Rue des Archives/RDA / Justice sauvage © Rue des Archives/RDA / P. 60 : K 2000 © Rue des Archives/BCA / Deux flics à Miami ©Rue des Archives/BCA / Mister T et George Peppard © Rue des Archives/BCA / Magnum © Rue des Archives/FIA / P. 61 : Thierry Ardisson © Louis Monier/Rue des Archives / Les Nuls © TV MAGAZINE/GAMMA / P. 63 : J.P. Baudecroux © Pool NRJ/ZAHNER/GAMMA / Childéric © Frederic REGLAIN/GAMMA